COMBAT

DE FONTAINE-FRANÇAISE,

SOUTENU PAR HENRI IV EN PERSONNE,

ET QUI MIT FIN AUX TROUBLES DE LA LIGUE.

DÉDIÉ A SON ALTESSE ROYALE CH.-PH. DE FRANCE

MONSIEUR.

PAR C.-X. GIRAULT, J. D. P.

Ancien Conseiller-auditeur en la chambre des comptes de Dijon; associé correspondant de la société royale des antiq. de France, et de la société royale académique des sciences de Paris; membre des académies royales des sciences, arts et belles-lettres de Dijon, Besançon, Nancy, Lyon, Bordeaux, etc., etc., etc.

A PARIS,
Chez DELAUNAY, libraire au Palais-Royal.

A DIJON,
Chez GAULARD-MARIN, libraire sous le portique
du Palais de Monsieur.

1822.

A SON ALTESSE ROYALE

Charles-Philippe de FRANCE, fils de France

MONSIEUR,

Frère unique du roi,
Héritier présomptif de la couronne.

MONSEIGNEUR,

Un monument triomphal à la mémoire de HENRI IV a été élevé sous les auspices de VOTRE ALTESSE ROYALE, sur le champ même de la victoire : daignez permettre, MONSEIGNEUR, que le récit de cette affaire brillante jouisse du même bonheur : les détails de l'un des plus beaux faits d'armes de ce CHEF DES BOURBONS ne sauroient être offerts qu'à l'un de ses descendans.

C'est à vous particulièrement, MONSEIGNEUR, que cet hommage appartient; à vous qui nous rappelez toute l'affabilité de ce monarque, l'idole de la France, ses réponses aimables, son amour pour ses peuples ; à vous qui tel que ce PRINCE AUGUSTE, étes apparu à la France agitée, la clémence dans le cœur, le sourire sur les lèvres, les mains pleines de bienfaits; à vous enfin, MONSEIGNEUR, aïeul d'un nouvel HENRI sur lequel reposent les destinées de l'empire des lys et la perpétuité de ses Souverains légitimes.

A tant de titres, daignez, MONSEIGNEUR, honorer de votre suffrage la relation que j'ai l'honneur de vous présenter.

Je suis avec profond respect,

MONSEIGNEUR,

DE VOTRE ALTESSE ROYALE,

*Le très humble
et très obéissant serviteur;*

c.-x. Girault.

COMBAT

DE FONTAINE-FRANÇAISE (1),

SOUTENU PAR

HENRI IV EN PERSONNE.

> Dans bien des affaires j'ai combattu pour la victoire;
> mais à Fontaine-Française j'ai combattu pour la vie.
> *Paroles de Henri IV.*

Aucun historien n'a parlé dans tous ses détails de la journée de Fontaine-Française; chacun d'eux en a donné quelques particularités, mais ces traits sont épars, isolés, disséminés. Cependant le combat dans lequel Henri IV donna peut-être la plus grande preuve de sa bravoure, déploya le plus d'habileté dans la position de ses forces, montra le plus d'intelligence à tirer parti du terrain; l'affaire dont le résultat fut pour la France, et même pour l'Europe, d'une si haute im-

---

(1) FONTAINE-FRANÇAISE, gros bourg sur la Vingeanne, renferme une population de 1100 individus. Cette terre a été successivement possédée par les maisons de *Vergy*, de *Longvic* et de *Chabot*; c'est à cette dernière qu'elle appartenoit sur la fin du xvi.ᵉ siècle. Elle appartenoit en dernier lieu à madame de la Tour-du-Pin, morte à Paris sur la fin de mai 1820.

portance, méritoit d'être connue dans ses plus petits détails : tout devient grand, lorsqu'il s'agit de Henri IV.

La solennelle abjuration de ce prince ayant enlevé tout prétexte aux fauteurs de la Ligue, le maréchal de Brissac introduit dans Paris le souverain légitime (1); Villars lui remet la ville de Rouen; la Champagne reconnoît ce prince pour son Roi; mais le duc de Mayenne qui commandoit en Bourgogne, persiste dans son obstination, et Jacques Laverne, maire de Dijon, pour avoir tenté de remettre cette ville en l'obéissance de Henri IV, porte sa tête sur un échafaud, le 29 octobre 1594.

Le surlendemain le duc de Mayenne arrive dans cette cité, met ses soldats à discrétion chez les habitans, jusqu'à ce qu'on ait payé les contributions par lui imposées; retient prisonniers les principaux citoyens, visite les villes de Beaune et de Châlon, et les traite de la même manière.

Cependant le duc de Biron s'étoit emparé de Beaune et d'Autun, marchoit sur Nuits, le 27 mai étoit sous les murs de Dijon, et dès le

---

(1) Le maréchal de Brissac offrit une écharpe richement brodée à Henri IV à son entrée à Paris. Le Roi en l'embrassant lui donna la sienne et le décora du titre de maréchal de France.

lendemain s'étoit rendu maître de cette ville.

Ce maréchal s'empressa d'annoncer au Roi cet heureux événement. Sa lettre portoit que les habitans ayant pris les armes contre le vicomte de Tavannes et contre le sieur Francesco, gouverneur du château de Dijon (qui vouloient les contraindre par la force des armes à demeurer sous l'obéissance du duc de Mayenne), l'avoient appelé à leur secours ; qu'il étoit entré dans la ville avec vingt-cinq hommes, où, par la grâce de Dieu, il avoit chassé ceux de l'union jusqu'au château, quoiqu'ils eussent réduit les habitans à un coin de la ville et les alloient forcer sans sa venue, qui, bientôt, fut suivie de toute l'armée, avec laquelle il tenoit le château assiégé. (*Journal de l'Étoile*, II - 211.)

Henri IV étoit à Troyes lorsqu'il reçut ces nouvelles. Il devina ce dont le duc de Biron ne l'informoit pas, c'est-à-dire, que le connétable de Castille, qui venoit de forcer Tremblecourt d'évacuer la Haute-Saône, pourroit bien marcher sur Dijon, afin d'y rétablir les affaires du duc de Mayenne. Ce Monarque sentit qu'il n'avoit pas un moment à perdre pour le devancer; il dépêcha de suite le comte de Thorigny, à la tête de neuf cents hommes de cavalerie. Lui-même partit aussi en grande diligence, après avoir écrit au lieutenant-général de Langres la lettre suivante :

« Mons. Roussat. Je vous envoie la réponse
« que je fais au sieur de Tremblecourt, pour
« l'asseurer de mon acheminement aux plus
« grandes journées que je puis, pour estre
« samedi à Dijon, où, ayant pourveu à ce
« qui sera nécessaire pour assiéger le chas-
« teau, je me délibère y laisser deux mil
« hommes de pied et quatre cent chevaulx,
« pour, avecques le reste de mon armée,
« m'en aller droit où sera le connestable de
« Castille, en quelque lieu que je le puisse
« joindre. De sorte qu'il ne fault plus crain-
« dre qu'il puisse entreprendre aulcune chose
« qu'il ne m'ayt aussitost sur les bras. Dont je
« vous ai bien voulu advertir, afin que vous
« en asseuriez tous mes bons serviteurs et
« subjets. S'il survient quelque chose, je
« vous prie m'en advertir. Et sur ce, je prie
« Dieu qu'il vous ait, Mons. Roussat, en sa
« sainte et digne garde.

« Escrit à Bar-sur-Seine, le 1.ᵉʳ jour de
« juin 1595.

« *Signé* Henri. Plus bas, *Ruzée*. »

Henri IV arriva effectivement le samedi 3 juin 1595, à Saint-Seine, et le lendemain dimanche 4 juin, à dix heures du matin, à Dijon.

Informé que le duc de Mayenne, retiré en Franche-Comté, s'étoit réuni à Gray au connétable de Castille, qui venoit d'y passer la Saône avec dix-huit à vingt mille hommes, quoique cette rivière fût débordée, le Roi résolut de prendre les devants, afin d'arrêter la marche des Espagnols, et de donner le temps aux troupes françaises d'arriver près de lui. Il dépêcha le marquis de Mirebeau pour se trouver de suite à son château de ce nom, et le sieur d'Aussonville à Saint-Seine-sur-Vingeanne, chacun à la tête de leurs compagnies. Henri IV écrivit aussi des billets à différens seigneurs des bords de la Vingeanne (1), pour se trouver en armes avec leurs gens le lendemain sur son passage. Le rendez-vous général fut assigné au château de Lux; le comte de Thorigny fut laissé à

<small>Mémoires Tavannes.</small>

<small>D. Grappin.</small>

<small>Mém. Sully.</small>

<small>D. Merle.</small>

---

(1) Entre autres à Guillaume d'Hautemer de Fervaques, seigneur de Grancey, mort en 1613, âgé de 75 ans, le plus vieux guerrier du temps d'Henri IV; il s'étoit fait connoître à la bataille de Renti, en 1554, à celles de Saint-Quentin, Dreux, Saint-Denis et de Moncontour. Henri IV récompensa sa bravoure par le bâton de maréchal de France.

Dijon, avec sa troupe, pour suivre les opérations du siège du château.

Le Roi sortit de la ville le 5 juin à cinq heures du matin, par la porte Saint-Nicolas, à la tête d'un petit nombre de soldats, et d'un cortège d'environ quarante gentilshommes. Il suivit la route de Lux, et arriva, non loin des bords de la Vingeanne, vers une heure après midi, près du bourg de Fontaine-Française.

Henri IV, averti que le connétable avoit fait passer la Saône à son artillerie, sur un pont de bateaux, détacha le marquis de Mirebeau avec cinquante à soixante chevaux, pour aller à la découverte. Les rapports qui lui étoient faits ne s'accordant pas entièrement, il s'avança lui-même avec cent à cent vingt hommes de cavalerie, uniquement pour reconnoître le terrein. A peine eut-il fait quelques pas qu'il vit revenir à lui, assez en désordre, le marquis de Mirebeau chargé par trois à quatre cents cavaliers, qui lui paroissoient devoir être suivis de toute l'armée, et vouloir s'emparer du village de St.-Seine.

Si le choc ne se fût pas engagé entre les pelotons envoyés à la découverte, il est certain que le combat n'auroit pas eu lieu. Le connétable ne cessoit de répondre au duc de Mayenne qu'il n'avoit pas été envoyé pour

Mém. Sully.

D. Merle.

entrer en Bourgogne, mais seulement pour couvrir et défendre la Franche-Comté ; que ses instructions ne portoient pas d'autres ordres ; et il se tenoit renfermé dans son camp de Saint-Seine.

Cependant, sur les pressantes instances de Mayenne pour que l'on repoussât les partis de cavalerie qui se présentoient au-delà de Fontaine-Française, le connétable crut pouvoir lui accorder cinq compagnies de chevau-légers, commandés par Villars-Houdan, et autant d'arquebusiers à cheval, commandés par D. Rodrigo Belluno.

Lorsque Villars-Houdan fut parvenu au-dessus de la colline, d'où il vit l'armée royale en bataille, il avertit les Espagnols de se préparer au combat ; mais ceux-ci lui répondirent qu'ils avoient des ordres contraires ; qu'on les avoit envoyés seulement pour combattre des détachemens de l'armée ennemie, mais non l'armée entière. En vain Villars-Houdan leur représenta qu'il s'agissoit de leur honneur ; qu'ils ne devoient pas laisser échapper une si belle occasion d'acquérir de la gloire ; que le combat étoit indispensable ; qu'on étoit dans l'impossibilité de se retirer, étant en présence de l'ennemi ; qu'il valoit mieux combattre avec honneur, que d'être poursuivi et battu honteusement. Ces représentations ne produisirent aucun effet.

Alors Villars-Houdan eut recours au capitaine Samson, avec lequel il étoit lié, et le fit prier, au nom de leur amitié réciproque, de venir le joindre avec sa compagnie, ajoutant qu'il n'étoit pas question, dans les circonstances où l'on se trouvoit, de prendre les ordres du général et de suivre à la lettre la discipline militaire ; qu'il s'agissoit de ne point abandonner son ami dans la pressante nécessité où il se trouvoit.

Samson se laissa aller à ce conseil, vint joindre son ami avec sa compagnie de chevaux-légers, le seconda de tous ses moyens et avec tant d'ardeur, qu'il y perdit la vie.

Mais revenons au récit du combat.

Le maréchal de Biron, qui arrivoit en ce moment auprès du Roi, s'offrit pour aller savoir des nouvelles plus positives, avec la compagnie du baron de Lux (1). A peine eut-il fait mille pas, qu'il trouva, à moitié chemin de Saint-Seine, une garde avancée de soixante chevaux, qu'il chargea, et alors il aperçut toute l'armée espagnole. Il remar-

Sully.

_____

(1) Cent chevaux, disent les Mém. de Tavannes.

qua surtout quatre cents chevaux plus avancés qui poursuivoient d'Aussonville précédemment envoyé par le Roi à la découverte, avec cent cinquante hommes (1).

D'Aussonville, en se repliant, avoit détourné l'orage qui vint fondre sur le maréchal de Biron. Le sieur de Rhoosne, qui commandoit la cavalerie espagnole (de six cents chevaux), la divisa en deux pelotons pour cerner les troupes du Roi. Biron se servit de la même tactique, en lui opposant à droite, le marquis de Mirebeau (2) qu'il avoit ramené au combat, se plaça lui-même au centre, et donna la gauche à commander au baron de Lux. Ce dernier soutint le choc jus-

Sully.

---

(1) Deux compagnies de chevau-légers, dit d'Aubigné.

(2) Jacques de Chabot, marquis de Mirebeau en Bourgogne, comte de Charni, conseiller-d'État, mestre de camp du régiment de Champagne, lieutenant pour le Roi en Bourgogne, et chevalier de ses ordres, mort le 29 mars 1630, étoit petit-fils de Léonor Chabot-Charni, qui empêcha le massacre de la Saint-Barthelemi en Bourgogne, de concert avec le président Jeannin, dont Charles de Chabot son fils épousa la petite-fille. Cette maison de Chabot étoit alliée à la maison de France par le mariage d'une sœur naturelle de François I.er avec Jean de Longvy.

qu'au moment où il fut renversé par son cheval tué sous lui. Le maréchal, qui avoit eu des avantages au centre, vole au secours du baron de Lux, et rétablit l'aile gauche; mais bientôt il est lui-même si impétueusement chargé par cent vingt cavaliers commandés par Villars-Houdan, et qui débusquoient de derrière un bois pour couvrir le corps d'armée espagnole, que ce maréchal fut obligé de se replier vers la hauteur où le Roi recevoit les renforts qui lui étoient amenés par les divers seigneurs des environs.

<small>Sully. d'Aubigné.</small> Henri IV détache le capitaine Choupes avec cent chevaux, pour marcher au secours du maréchal ; mais le nombre des ennemis croissant à chaque instant, ce renfort fut entraîné avec les autres, et revint auprès du Roi. Ce Monarque sentit que s'il succomboit dans ce premier choc, ses troupes étoient défaites et Mayenne rentroit de suite en Bourgogne; voyant qu'il n'avoit de ressources que dans lui-même, couvert d'une simple cuirassine, sans se donner le temps de prendre son casque, il appelle par leurs noms ses guerriers, et leur crie : A MOI, MESSIEURS, ET FAITES COMME VOUS ALLEZ ME VOIR FAIRE(1).

<small>d'Aubigné. Mém. Tavannes.</small>

———————

(1) Suivant Breunot, il auroit crié : *Avancez, noblesse, avancez; suivez votre Roi.*

En vain on lui représente qu'il y avoit trop de hazard à se jeter au milieu des ennemis. Il est vrai, dit-il, mais si je ne le fais, et si je ne m'avance, le maréchal de Biron s'en prévaudra toute la vie. Il charge le duc d'Elbœuf de rallier les fuyards, donne la gauche à commander au duc de la Trémouille, se met à la tête de deux cents chevaux, que venoit de lui amener le comte de Tavannes, et de quelques compagnies d'arquebusiers à cheval ; et quoiqu'il vît bien que, n'ayant que trois cent cavaliers, il en auroit près de huit cents et six escadrons à combattre, ce prince marche lui-même à la rencontre des ennemis, renverse le premier corps de cavalerie qu'il atteint, enfonce le second, et parvient à rejoindre le maréchal de Biron, qui, blessé à la tête (1) et au ventre, se défendoit avec intrépidité avec les soixante chevaux qui lui restoient. Villars-Houdan reçoit un coup de mousquet dans le bras, et se retire à Saint-Seine ; La Trémouille, arri-

Mathieu.

100 chevaux dit Maimbourg.

Daniel. Dutillet.

Maimbourg.

―――――――――

(1) Les Comtois renvoyèrent, par un trompette, à Henri IV, le casque que le maréchal de Biron perdit dans l'action au combat de Fontaine-Française ; le Roi eut un fort long entretien avec ce jeune trompette, sur l'étonnement où l'armée espagnole avoit été de la dernière charge. (*Breunot.*)

vé avec cent hommes, faisoit de son côté les plus grands efforts; le Roi, donnant l'exemple aux soldats, se jette, l'épée à la main, au milieu du corps de cavalerie que commandoit Samson, ouvre les escadrons ennemis, les fait plier; leur chef y perd la vie; d'autre côté, Biron ralliant les fuyards, rassemble cent vingt chevaux, les ramène au Roi, et tous deux, chargeant à la fois la cavalerie espagnole, la mettent en déroute et la poursuivent jusqu'auprès d'un bois peu éloigné de l'armée du duc de Mayenne qui arrêta le désordre des siens avec cinq compagnies de chevau-légers espagnols, commandés par D. Rodrigo-Belluno, qu'il obtint enfin de pouvoir envoyer au secours de ses gens.

Péréfixe, d'Aubigné, de Thou, Merle, Tavannes.

Henri IV ne s'étoit pas tellement laissé emporter par l'action, qu'il n'eût aperçu, à droite et à gauche, deux bois remplis de fusiliers par lesquels il eût couru risque d'être enveloppé, s'il se fût permis d'aller braver le gros de l'armée du connétable. En conséquence il suspendit sa course, et se borna à se tenir sur ses gardes. Dans le même moment il aperçut deux autres corps de cavalerie qui débouchoient d'un bois. Il fait halte, et se dispose à les bien recevoir. L'ennemi, étonné d'une aussi ferme contenance, s'arrête un moment. Henri, saisissant cet instant d'indécision, en profite pour regagner en bon ordre la hauteur, premier théâtre du combat, et, par cette manœuvre, se dégager entièrement de l'armée ennemie. Il opéra ce mouvement avec tant d'ordre et de supériorité, que, dans le même jour, presqu'au même instant, il remporta l'honneur de la plus belle victoire et de la plus belle retraite dont les fastes de ce règne à jamais mémorable nous aient fourni l'exemple.

d'Aubigné.

Sully.

En arrivant à son premier poste, le Roi y trouva les chevau-légers du duc de Vendôme, le comte de Chiverny, le comte d'Auvergne, le chevalier d'Oise, MM. de Vitri, de Clermont, de Ricey, d'Aix, de Rambures, de La Curée, d'Heures, de Saint-Géran, de la Boulaye, qui arrivoient avec leurs compagnies au nombre de plus de 800 chevaux; il les range sur le côteau, en ordre de bataille, en forme deux pelotons, se met à la tête du premier, donne l'autre au maréchal de Biron, prêt à tourner l'infanterie espagnole si elle venoit à bouger. Mais les ennemis, persuadés que l'armée française étoit derrière la hauteur, n'osèrent pas venir recommencer l'attaque, et accusant de trahison le duc de Mayenne, par un tour de

d'Aubigné, Daniel, Degrain.

(14)

conversion, rebroussèrent chemin; leur infanterie s'ouvrit pour donner passage à la cavalerie et protéger sa retraite. Henri IV, en capitaine expérimenté, voulant faire un pont d'or à l'ennemi qui fuyoit, se contenta de faire suivre les Espagnols jusqu'à ce qu'ils eussent repassé le village de Saint-Seine où étoit le quartier général du connétable de Castille, et manda aussitôt le reste de la cavalerie qu'il avoit laissée à Dijon. Le lendemain, il fit suivre l'armée par le duc de Guise (1), jusqu'à ce qu'elle eût repassé la Saône sur ses ponts. Au retour de cette reconduite, le Roi embrassa le jeune duc, qui avoit tué de sa main un espagnol dont il avoit reçu un défi, et lui dit : IL EST BIEN JUSTE QUE CEUX QUI TROUVENT DE VIEUX EXEMPLES DE VERTU DEVANT EUX, LES IMITENT ET LES RENOUVELLENT POUR CEUX QUI VIENNENT APRÈS.

Mém. de Tavannes, de Sully, d'Aubigné, Pepin.

―――――――――――――

(1) Charles de Lorraine, duc de Guise, fils d'Henri le *Balafré*, né le 20 août 1571, s'étoit soumis à Henri IV en 1594, et en obtint le gouvernement de Provence; il avoit épousé Henriette, fille du maréchal de Joyeuse; obligé de sortir de France par rapport à l'ombrage qu'il faisoit au cardinal de Richelieu, il se retira à Florence et mourut à Cuna le 30 septembre 1640.

On rapporte qu'un jour M. de Guise dit à Henri IV :

Ce combat qui porta le dernier coup à la Ligue, est mémorable par la haute vaillance qu'y déployèrent le Monarque et ses sujets fidelles contre les principaux chefs de la Ligue, de Thianges, de Thenissey, Samson et Villars-Houdan (1); aussi Henri IV disoit-il : Dans bien des affaires j'ai combattu pour la gloire, mais a Fontaine-Française j'ai combattu pour la vie (2). Si ce

Mathieu.

Maimbourg.

d'Aubigné.

Sire, vous êtes à mon gré un des hommes les plus agréables du monde, et notre destin portoit que nous fussions l'un à l'autre. Si vous n'eussiez été qu'un homme d'une condition médiocre, j'aurois voulu vous avoir à mon service, à quelque prix que c'eût été ; mais puisque Dieu vous a fait naître un grand Roi, il ne pouvoit pas être autrement que je ne fusse à vous. Henri IV l'embrassa et lui répliqua : Vous ne me connoissez pas encore vous autres ; mais je mourrai un de ces jours, et quand vous m'aurez perdu, vous connoîtrez ce que je valois et la différence qu'il y avoit de moi aux autres hommes. (*Mém. de Bassompierre.*)

(1) Villiers-Houdan, ayant reconnu le Roi qui le chargeoit lui-même, n'osa combattre contre lui (Péréfixe), fut blessé d'un coup de mousquet au bras, dans l'action qu'il soutint contre le maréchal de Biron.

(2) Ce mot, rapporté par Péréfixe, est imité de Salluste *cum Gallis pro salute non pro gloria certare*. Plutarque (*Vie de Cés.*) rapporte que César disoit la même chose de la bataille de *Munda* en Espagne, qu'il gagna contre Pompée (av. J.-C. 45 ans).

Monarque dégagea lui-même Biron des mains des ennemis, s'il avertit La Curée de se garer d'un cavalier prêt à le transpercer, Mainville ne quittoit pas la personne du Roi; il réservoit son coup de pistolet pour le premier qui oseroit s'en approcher, et ajusta un espagnol si à propos, qu'il lui perça la tête de part en part de trois carreaux d'acier : ce coup siffla aux oreilles du Roi, qui avouoit n'en avoir jamais entendu d'aussi fort. On tenoit prêt à ce prince un excellent cheval turc sur lequel on l'engageoit à se retirer : IL Y A PLUS DE PÉRIL A LA FUITE QU'A LA CHASSE, répondit-il ; JE N'AI PAS BESOIN DE CONSEILS, MAIS D'ASSISTANCE. Il donnoit ordre à Roquelaure de courir après les fuyards: *Vous m'excuserez*, SIRE, *on croiroit que je fuis avec eux; l'action sera chaude ; je combattrai à vos côtés, et je serai bien aise d'écrire à ma belle amie que j'y étois.* Au cri, gare La Curée, prononcé par le Roi, ce capitaine se retourne, voit un cavalier près de lui, qui alloit lui passer sa lance au travers le corps, et le tue. Après l'action, La Curée (1) vint trouver le Roi, qui étoit en-

Sully.

Buri, Mathieu, Velly.

Mém. Sully, Legendre, III-150.

―――――

(1) Gilbert Filhet, seigneur de La Curée et de Laroche-Turpin, conseiller-d'État, capitaine des chevau-

core à cheval, et lui accolant la cuisse; lui dit : Sire, il fait bon avoir un maître qui vous ressemble, car il a sauvé la vie au moins une fois le jour à ses serviteurs; j'ai reçu deux fois aujourd'hui cette grâce de V. M.; l'une, en ce que j'ai participé au salut général; la seconde, quand il vous a plu me crier : *gare La Curée.* VOILA, lui dit le Roi, COMME J'AIME LA CONSERVATION DE MES BONS SERVITEURS. (*Bury, tom. 2, pag. 390*).

Le Monarque se loua particulièrement de Grammont, Bellegarde, Gouffier, Mirebeau, La Tremouille, d'Elbœuf, Chantal (1) et de Sully.

---

légers de la garde, maréchal des camps et armées du Roi, chevalier de ses ordres, étoit un des hommes de confiance de Henri IV, qui ne l'appeloit que *mon curé*; il fit des merveilles aux journées d'Ivry et de Fontaine-Française; l'histoire de Henri IV est remplie de traits de son intrépidité. Il mourut sans enfans, à Paris, le 3 septembre 1633.

(1) Christophe de Rabutin, baron de Chantal et Bourbilly, né en 1564, étoit l'un des chevaliers les plus braves et les plus accomplis de son temps; il étoit gouverneur de Semur lorsque la section royaliste du Parlement vint se réfugier dans cette ville, et la protégea contre les armes de la Ligue. Dès que Henri IV fut entré en Bourgogne, le baron de Chantal ne le quitta plus; il suivit ce monarque à la journée de Fontaine-Française, y fut blessé sous les yeux de Henri IV qui

plusieurs autres (1) qui avoient abattu la rosée devant lui. On remarqua surtout que les

ne dissimula pas qu'il lui devoit en partie le succès de cette journée, et le récompensa par une pension de 1200 écus.

Le baron de Chantal avoit épousé en 1592, la vertueuse fille du président Fremyot, canonisée sous le nom de Mme DE CHANTAL, fondatrice de l'ordre de la Visitation, de laquelle il n'eut qu'un fils, Celse-Benigne de *Rabutin*, père de la célèbre marquise de Sévigné. (*Voy. sur cette dame mes détails historiques*). Christophe de Rabutin fut blessé à la chasse par un de ses amis, et mourut peu de jours après, en 1601.

(1) Parmi lesquels étoit Claude Le Compasseur de Courtivron, auquel Henri IV accorda ce brevet honorable :

Aujourd'hui 11 juillet 1595, le Roi étant dans son camp et armée à Dijon, désirant reconnoître les bons et fidelles services que lui a faits le sieur Claude Le Compasseur à la prise des ville et château de Troyes, comme aussi à celle de Sens en Bourgogne, même en la négociation des ville et château d'Auxonne, et icelui bien et favorablement traiter, lui a accordé de pouvoir faire ériger, ce dans un an prochain, sa seigneurie de Courtivron en baronie; sans pour ce payer aucun droit; et de ce, S. M. m'a commandé lui faire expédier toutes lettres et provisions nécessaires en vertu du présent brevet qu'elle a voulu signer de sa main, et fait contresigner par moi son conseiller secrétaire-d'État.

Signé HENRI, et plus bas *Ruzé*.

ducs de Roquelaure, de Liancourt; les marquis de Pisani, du Tresnel, de Château-vieux; les S.ʳˢ de Dinteville, de Montigny, de Mirepoix, du Chauffour (1) ne quittèrent point le Roi et combattirent constamment à ses côtés. *Mém. Sully, d'Aubigné, Daniel.*

Aussi Henri IV répondit-il un jour à l'ambassadeur d'Espagne, surpris de le voir entouré et pressé par une quantité de gentilshommes : Si vous m'aviez vu un jour de bataille, ils me pressoient bien davantage (2). *Esprit de Henri IV, Sully, Merle. (Quatre, dit d'Aubigné.)*

Cette affaire brillante ne coûta que six personnes aux Français, du nombre desquels

---

(1) N. Du Chauffour fut admis, en qualité de gentilhomme à la chambre de la noblesse des États de Bourgogne, en 1589; il avoit été fait prisonnier des Ligueurs au siège de Verdun sur Doubs, qu'il défendit avec le brave Héliodore de Bissy dont il étoit le lieutenant. Son ardeur au combat de Fontaine-Française, son zèle pour couvrir la personne du Roi qu'il ne quittoit point, furent remarqués par Henri IV qui demanda avec beaucoup d'intérêt quel étoit ce brave gentilhomme. (*Breunot.*)

(2) Plusieurs Langrois se distinguèrent à ce combat; on cite le sieur *Lamargelle de Rolampont,* le sieur *Guidon,* qui garantit le monarque de cinq coups de lance, et qui ne demanda pour récompense que d'être pansé de ses blessures; les deux frères *Garnery,* qui se contentèrent d'obtenir le privilège de porter l'épée

furent le gouverneur de Beaune et le maire de Nuits. Les ennemis perdirent 120 hommes, eurent 60 prisonniers et 200 blessés : Villars-Houdan étoit du nombre de ces derniers. Le Roi lui fit remettre un sauf-conduit pour se rendre à Châlon-sur-Saône, et s'occupa de faire donner la sépulture aux morts, parmi lesquels furent reconnus les seigneurs d'Oiselay, de Conflandey et de Chavanes. La plupart des Français qui servoient sous le duc de Mayenne, indignés de la conduite des Espagnols dans cette affaire, le quittèrent dès le lendemain pour passer au service du Roi.

<small>Dutillet.</small>

<small>Mém. Sully, Mézerai.</small>

<small>Guerres du 16ᵉ siècle par D. Grappin.</small>

<small>Legendre.</small>

Henri IV coucha la nuit du 5 au 6 juin au château de Lux ; et après s'être bien assuré que les Espagnols avoient tout-à-fait repassé la Saône, et n'étoient pas disposés à rentrer une seconde fois en Bourgogne, revint à Dijon, y rentra en triomphe le 7 juin vers les dix heures du matin, et fut de suite à la sainte Chapelle remercier Dieu du succès

---

toute leur vie; *Charles-Henri comte de Tonnère*, et les seigneurs *de Grancey* et *de Mirebeau*; *Simon de Martinécourt*, cap.ᵉ de Gemeaux, blessé en combattant à Fontaine-Française, et que Henri IV nomma maréchal-des-logis dans la cornette blanche.

de ses armes ; un *Te Deum* y fut chanté en action de grâces ; et le Roi écrivit à sa sœur la lettre suivante :

« Ma chère sœur, tant plus je vais en avant,
« et plus j'admire la grâce que Dieu me fit
« au combat de lundi, où je pensois n'avoir
« défait que douze cents chevaux, mais il en
« faut compter deux mille. Le connestable
« de Castille y étoit en personne avec le duc
« de Mayenne qui m'y virent, et m'y cognu-
« rent toujours fort bien, ce que je sais de
« leurs trompettes et prisonniers. Ils m'ont
« envoyé demander tout plein de leurs capi-
« taines italiens et espagnols, lesquels n'étant
« point prisonniers, faut qu'ils soyent des
« morts qu'on a enterrés, car je commandai
« le lendemain qu'ils le fussent. Beaucoup de
« mes jeunes gentilshommes me voyant par-
« tout avec eux, ont fait feu en cette ren-
« contre, et y ont montré de la valeur beau-
« coup et du courage, entre lesquels j'ai re-
« marqué Grammont, Termes, Boissy, La
« Curée et le marquis de Mirebeau, qui for-
« tuitement s'y trouvèrent, sans autres armes
« que leurs hausse-cols et gaillardets, et si fi-
« rent merveille. Aussi y en fut-il d'autres
« qui n'y firent pas si bien, et beaucoup qui
« firent très mal. Ceux qui ne s'y sont pas

« trouvés y doivent avoir du regret, car j'y
« ai eu affaire de tous mes bons amis, et
« *vous ai vu bien près d'être mon héritière.*
« Je suis à cette heure devant le chasteau que
« les ennemis, après avoir joint leurs forces,
« font état de secourir encore une fois. Mais
« Dieu leur en a déjà ôté un grand moyen,
« et m'a donné un si grand pied sur eux,
« qu'ils auront tout besoin de se défendre et
« non de m'assaillir, quand j'aurai passé vers
« eux, comme je me délibère. Je me porte
« bien, Dieu merci, vous aimant comme
« moi-même. » (*Journal de Henri IV, tome I, p.* 100.)

Ce Monarque écrivit en même temps aux Cours de Parlement et autres séantes à Paris, que *moins de deux cents chevaux avoient empêché, sans aucun ruisseau entre deux, une armée de dix mille hommes de pied et deux mille chevaux d'entrer dans le royaume ; de quoi il falloit en donner gloire à Dieu, de la main duquel ce grand bien étoit parti.* Et pour l'en remercier, il les invitoit à faire faire une procession générale : elle eut lieu le dimanche suivant à Paris et à Dijon.

Quelque temps après, d'Aussonville et Tremblecourt s'étoient approchés de Gray où étoit le connétable ; peu s'en fallut que le 12 juillet il n'y eut une bataille générale : la cavalerie espagnole étoit campée dans un village sur le bord de la Saône qui en cet endroit étoit guéable, et cent arquebusiers le gardoient. Ils firent feu sur cinq cents cavaliers français qui tentoient de passer le gué ; mais la poudre et le plomb leur manquant, ils furent forcés de rejoindre l'infanterie du côté de Gray. Les Français enhardis par cette retraite, fondirent sur un escadron espagnol, commandé par Hercule de Gonzague, et le mirent en fuite. Le second escadron commandé par Melzi, ne fut pas plus heureux ; il fut poursuivi jusqu'au pont, lequel étant très étroit, beaucoup se jetèrent dans le ruisseau pour le traverser à la nage ; les Français en tuèrent un grand nombre pendant qu'ils s'efforçoient de passer, et firent plusieurs prisonniers, parmi lesquels *Alphonze d'Indiaquez* et *César Marino*, dont le capitaine Viaut de Chamlivaut tira de fortes rançons. (*De Thou*, XII-370.)

Henri IV demeura néanmoins jusqu'au 13 juillet à Dijon, s'occupant de la pacification de la province. Il en confia le gouvernement au maréchal de Biron, partit pour la Franche-Comté à la tête de vingt-cinq mille hommes, et de-là se rendit à Lyon, où il reçut les lettres de son absolution de la part de la Cour de Rome.

Des négociations entamées pendant l'automne, amenèrent le traité du 11 janvier 1596, par lequel le duc de Mayenne se rendit enfin à HENRI IV (1). Sa première entrevue avec le Monarque eut lieu à Mousseaux, moitié chemin d'Amiens à Soissons, par égard pour le duc de Mayenne, à qui son excessif embonpoint ne permettoit pas de longs voyages.

(1) Si la journée de Fontaine-Française fut la dernière à laquelle Henri IV combattit en personne, il est remarquable que son premier fait d'armes eut lieu à Arnay-le-Duc, dans le même département. Ce prince, alors seulement roi de Navarre, faisoit ses premières armes sous l'amiral de Coligny; il n'avoit que seize ans, et Lamotte Fénélon parut surpris de ce que si jeune il prenoit parti dans cette guerre avec son cousin le prince de Condé : *C'est*, répondit Henri, *que nos ennemis en veulent à toute la branche royale des Bourbons ; nous voulons mourir tous ensemble pour éviter les frais du deuil.*

Au combat d'Arnay-le-Duc, livré le 27 juin 1570, il fit des prodiges de valeur qui décidèrent le succès de cette journée. S'entretenant un jour de cette bataille, il disoit : *Mes premiers exploits d'armes sont à Arnay-le-Duc, où il étoit question de vaincre ou d'être pris ; à dix pas de moi fut tué un cavalier d'un coup de coulevrine ; mais recommandant à Dieu le succès de cette journée, il la rendit heureuse.* Animés par la présence du jeune héros, 4,000 protestans, sans canon, sans bagages, fatigués depuis huit mois par des mar-

Le duc de Mayenne aborda le Roi, qui se promenoit dans le parc avec Sully, et mit un genou en terre. Henri IV le releva et l'embrassa trois fois de suite; puis le prenant par la main, le promena dans le parc à grands pas, tellement que Mayenne, incommodé de sa sciatique, de sa corpulence et de la chaleur, se traînoit à grand'peine sans oser rien dire : le Roi le voyant harassé et tout en eau, s'arrêta et lui dit : —*Je vais un peu vîte*

---

ches continuelles, se défendirent avec succès contre 12,000 hommes commandés par le maréchal de Cossé, et s'ouvrirent un passage à travers son armée, jusqu'à la Loire.

La paix *boiteuse* fut le fruit de cette victoire, et Arnay-le-Duc devint l'une des places de sûreté que ce traité accordoit aux Ligueurs.

Ainsi, les journées où Henri IV ait couru les plus grands dangers, où il ait combattu avec le plus de bravoure et de vaillance, sont aussi celles par lesquelles il a commencé et terminé sa carrière militaire ; elles enferment un cercle de 3 batailles rangées, 140 combats, 35 rencontres, et un grand nombre de sièges (*Lenoir, Mus. des monumens français*), et le même département qui a été témoin de la valeur naissante de Henri IV, est aussi celui qui a vu la dernière victoire que ce grand capitaine ait remportée en personne ; ces deux faits attachoient singulièrement Henri IV à la Bourgogne.

pour vous? — Le duc répondit qu'il étoit prêt à étouffer, et que pour peu que sa Majesté eût continué, elle l'auroit tué sans y penser. *Touchez-là, mon cousin, reprit* HENRI, *car, par Dieu, voilà toute la vengeance que vous recevrez de moi.* Le duc veut s'agenouiller, et baise la main que le Roi lui tendoit, protestant qu'il le serviroit désormais, même contre ses propres enfans. *Or sus, je le crois,* lui dit HENRI; *et afin que vous puissiez m'aimer et me servir plus long-temps, allez vous reposer au château et vous rafraîchir, car vous en avez bon besoin. Je vais vous faire donner deux bouteilles de vin d'Arbois, car je sais bien que vous ne le haïssez pas. Voilà Rosni que je vous donne pour vous accompagner et faire l'honneur de la maison.* (Mém. de Sully.)

C'est ainsi que les BOURBONS savent pardonner à tous ceux qui reviennent à eux sincèrement et de bonne foi : ainsi, quoique le grand Condé eût porté les armes contre la France, LOUIS XIV dit à ce prince revenant de la bataille de Senef, et qui montoit avec peine le grand escalier de Versailles : *Ne vous pressez pas, mon cousin ; on ne sauroit aller bien vîte quand on est aussi chargé de lauriers.* Ainsi LOUIS XVIII dit aux maréchaux de France, en rentrant à Paris : *Approchez, MM. les maréchaux, et entourez-moi ; c'est sur vous que je veux m'appuyer.*

Le pré Morot, théâtre de ce combat important et célèbre, est traversé par la route de Fontaine-Française à Saint-Seine-sur-Vingeanne. En faisant construire le pont sur cette route, les anciens Elus de Bourgogne y firent graver sur la margelle extérieure cette inscription : hìc Henricus magnus debellavit. La commune de Fontaine-Française, en faisant reconstruire la fontaine qui surgit dans ce pré, dans les premières années du xix.ᵉ siècle, sous l'administration du premier préfet de ce département (et cette date est de quelque considération), fit placer sur la façade du portique, du côté de la route, le médaillon ovale d'Henri IV en bronze. C'est entre les deux monumens primitifs de cette victoire, dans un petit pré demi-circulaire, entouré de peupliers, que Madame de La Tour-du-Pin de Saint-Julien a fait élever à ses frais, sur le local même où campoit Henri IV entouré de ses braves, un monument plus digne de cette victoire, représentant un trophée d'armes, entre les bustes, de grandeur colossale, de Henri IV et de Louis XVIII, exécutés en marbre blanc par les meilleurs artistes de la capitale (1). Ce fut le 18 octobre 1818, que la première pierre du piédestal fut posée solennellement, au nom de S. A. R. Monsieur, par le noble Pair, gouverneur de cette division, que nous avons vu plus d'une fois par sa présence honorer nos séances publiques. Il étoit digne de la mémoire de Henri IV, de voir un de ses successeurs attacher son nom à des trophées élevés à sa gloire ; il étoit beau de voir le descendant d'un des anciens preux du combat de Fontaine-Française, et qui posa le premier ses armes devant le vainqueur, venir consacrer ce monument de son triomphe.

De ces derniers faits, nous tirerons cette conséquence, qu'il n'est jamais trop tard pour rentrer en grâces avec le souverain légitime, surtout quand ce souverain est un BOURBON.

---

(1) Un personnage auguste, à la prière de Mme de Saint-Julien, a composé, pour être gravée sur la base de ce monument, l'inscription suivante :

Hispanis fugatis
Henricus Quartus tandem triumpho felix.
5 jun. 1595.

DIJON, FRANTIN, IMPRIMEUR DU ROI ET DE L'ACADÉMIE. 1822.

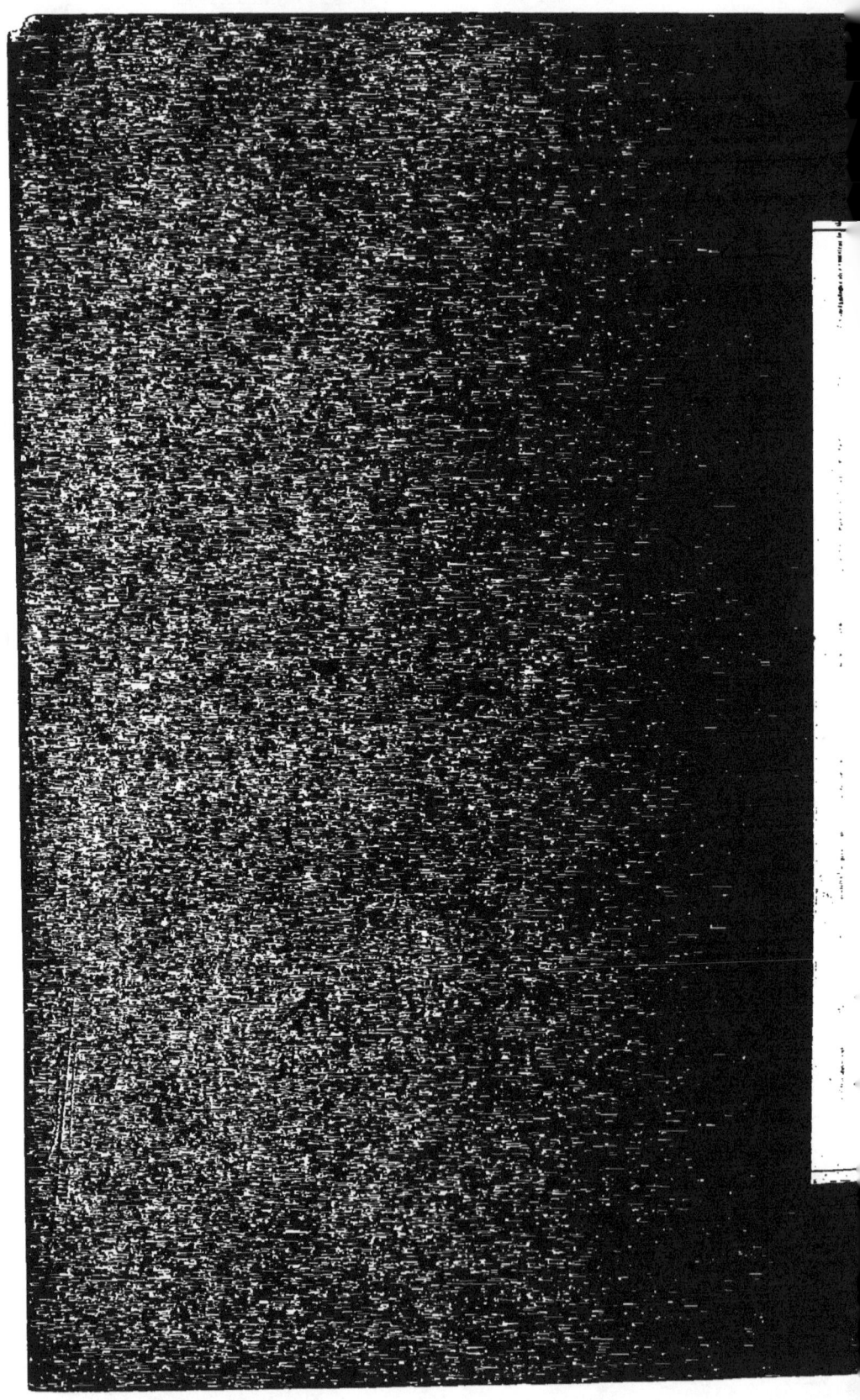

www.ingramcontent.com/pod-product-compliance
Lightning Source LLC
Chambersburg PA
CBHW061007050426
42453CB00009B/1299